Geschrieben von **Christine Stahr**,
mit Bildern von **Astrid Vohwinkel**

RITTER UND MITTELALTER

Alles, was du wissen willst!

EXPLORER

CARLSEN

Inhalt

Merkwürdige Fakten aus dem Mittelalter

Damit Brot möglichst lange hielt und nicht schimmelte, wurde es gebacken, bis es steinhart war und auch gut als Tellerersatz dienen konnte.

Salz war ein Luxusgut – wer damit handelte, wurde reich. Um Salz wurden sogar Kriege geführt.

Um anzugeben, ließen reiche Adelige manchmal bei einem Festmahl mit Gold überzogenen Kuchen servieren.

1248 begann der Bau des Kölner Doms. Er sollte die prächtigste und größte Kathedrale der Welt werden. 1880 wurde das Bauwerk vollendet – über 600 Jahre später.

Im Mittelalter wurde auf Pergament geschrieben, dünne Tierhaut. Für ein einziges Buch mussten oft 30 Kälber getötet werden.

Die meisten Menschen hatten so wenige Kleider, dass auf den Steckbriefen am Ende des Mittelalters meist nur stand, was der Gesuchte trug. Da der Straftäter kaum die Möglichkeit hatte, seine Kleidung zu wechseln, konnte er daran gut erkannt werden.

Kinder bliesen Schweinsblasen wie Luftballons auf und spielten damit.

Das Mittelalter

In Deutschland wird die Zeit vom 5. Jahrhundert bis zum 15. Jahrhundert als Mittelalter bezeichnet.
Es wird in drei Abschnitte unterteilt:
in das **Frühmittelalter** (5.–11. Jahrhundert),
das **Hochmittelalter** (11.–13. Jahrhundert) und
das **Spätmittelalter** (13.–15. Jahrhundert).

Mit der Entdeckung Amerikas, der Erfindung des Buchdrucks und vielen anderen Neuerungen wurde das Weltbild der Menschen umgekrempelt und die Neuzeit brach an.

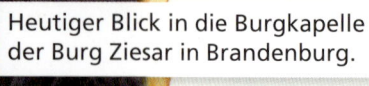
Heutiger Blick in die Burgkapelle der Burg Ziesar in Brandenburg.

„Puh, langsam spüre ich meine Beine nicht mehr und mein Kopf ist schwer wie ein Sack Korn. Seit gestern Abend bin ich hier in der kalten Kapelle. Ich knie vor dem steinernen Altar und murmele wieder und wieder die Verse des Gebets, schon seit Stunden. Um mich herum ist es still und dunkel. Ich schwanke. Reiß dich zusammen, befehle ich mir. Nicht einschlafen! Schritte nähern sich.

Umdrehen darf ich mich nicht, also starre ich weiter die Statue der Heiligen Jungfrau Maria an. Außerdem weiß ich ja sowieso, wer in die Kapelle getreten ist. Richard. Er löst Tristan ab. Die beiden Ritter stehen mir bei dieser schweren Prüfung zur Seite. Meine Aufgabe heute Nacht ist: bewegungslos bleiben und nicht einschlafen! Gelingt mir das, habe ich es endlich geschafft! Dann werde ich in den heiligen Stand der Ritter erhoben!

Ich, Jörg, werde ein guter Ritter sein und meine Pflichten im Dienst Gottes gehorsam erfüllen. Bis ans Ende meines Lebens will ich Witwen und Waisen mit meinem Schwert beschützen. Ich werde eine wunderschöne adlige Dame anbeten. Und auch im schrecklichsten und grausamsten Krieg werde ich bis auf den letzten Blutstropfen für Gott und Heinrich, meinen Burgherrn, kämpfen.

Auf die Knie

Die letzte Ritter-Prüfung

Jörg nimmt sich fest vor, ein guter Ritter zu werden.

Nach der langen Nacht hat Jörg ein reinigendes Bad genommen und sich angekleidet. Dann ist er bereit für die Schwertleite.

Heinrich verdanke ich so viel, meine ganze Erziehung zum Ritter. Mit zehn bin ich auf seine Burg gekommen. Und obwohl das schon elf Jahre her ist, erinnere ich mich noch ganz genau an diesen Tag. Ich musste Abschied nehmen von der Amme, die mich aufgezogen hat, und von meiner Mutter und meinem Vater. In den ersten Tagen und Wochen habe ich sie furchtbar vermisst. Aber ich hatte keine Zweifel, dass ich ein Ritter werden wollte, sonst wäre mein Vater auch schrecklich enttäuscht gewesen. Inzwischen bin ich ein Mann. Aber trotzdem schmerzen meine Knie gerade sehr … Halt – was ist das? Es dämmert! Der Tag bricht an, der Tag der Schwert- leite. Ich habe es geschafft, es ist so weit! Endlich!"

Ab heute ein Ritter

Die feierliche Aufnahme in den Kreis der Ritter hieß **Schwertleite**: Ein Adeliger oder sogar der König umgürtete den zukünftigen Ritter mit dem Rittergürtel. In dem Gürtel steckte ein in der Kirche gesegnetes Schwert. Mit der nächtlichen Prüfung wurde die Ausdauer der Ritter-Anwärter getestet. Außerdem sollten die jungen Männer über ihre Pflichten als Ritter nachdenken. Mit der Zeit geriet die Schwertleite aus der Mode und an ihre Stelle trat ein weniger pompöses Ritual: der **Ritterschlag**. In der Mitte des 14. Jahrhunderts wurden die meisten Ritter in Deutschland durch so einen Schlag mit der flachen Klinge des Schwertes oder der Hand auf den Nacken oder auf die linke Schulter zum Ritter gemacht.

5

Nicht alle waren gleich

Um das Jahr 1000 schrieb der französische Bischof Adalbero von Laon auf, wie man sich im mittelalterlichen Europa das Zusammenleben der Menschen vorstellte: Gott teilte die Menschen in drei Gruppen mit bestimmten Aufgaben ein: in die Stände der „Kämpfer", „Beter" und „Arbeiter". Unser Bild entstand etwa 500 Jahre später, veranschaulicht aber dieselbe Idee.

Der Holzschnitt entstand etwa 1488.

Auf diesem Bild weist Jesus jedem Stand seine Aufgabe zu. Die Beschriftung lautet bei den Geistlichen (links oben): „Du bete demütig"; beim Adel (rechts oben): „Du beschütze" und bei den Bauern (unten): „Du arbeite".

Wer hat die MACHT?
Das Lehnswesen und die Stände

Der Adel

Das Bestellen der Felder war harte Arbeit.

„Arbeiter" und „Kämpfer" – Bauern und Adel im frühen Mittelalter

Im frühen Mittelalter und weit darüber hinaus waren die meisten Menschen Bauern mit eigenen Feldern. Sie mussten in den Krieg ziehen, wenn der König es verlangte, und Kriege gab es oft. Während sie kämpften, konnten sie nicht auf den Feldern arbeiten. Frauen und Kinder mussten allein diese Aufgabe übernehmen. Dann konnte es leichter zu Hungersnöten kommen, denn es wurden sehr viele Menschen gebraucht, um genügend Nahrungsmittel für alle anzubauen.

Mit der Zeit bildete sich eine kleine Gruppe von Berufskriegern heraus: der Adel.

Adelige Männer hatten Waffen, Pferde und Männer, die ihre Felder bestellten. Über sie und andere Menschen bestimmten die Adeligen. Von Kindheit an für den Krieg ausgebildet sollten die „Kämpfer" für Sicherheit und Ordnung im Land sorgen. Ihre besondere Aufgabe war es, die Schwachen zu schützen und für die Kirche und den christlichen Glauben zu kämpfen.

Die Grundherrschaft

Die meisten Bauern waren nun unfrei und lebten in einer Grundherrschaft: Das Land, das sie bewirtschafteten, die Häuser, in denen sie wohnten, und sogar sie selbst gehörten einem Adeligen oder einem Kloster. Die Bauern mussten den mächtigen Männern regelmäßig einen Teil ihrer Ernte oder Geld abgeben, das nannte sich Abgaben leisten. Außerdem verlangten die Grundherren Frondienste, zum Beispiel mussten die Bauern Holz fällen, bei Bauarbeiten helfen oder Dinge transportieren.

Die Geistlichen

Die „Beter" – Papst und Kirche

Dieser Stand setzte sich aus Geistlichen, also Priestern, Mönchen und Nonnen zusammen. Ihre Aufgabe war es, durch Gebete und Gottesdienste dafür zu sorgen, dass möglichst viele Menschen Gnade vor Gott finden und in den Himmel kommen konnten. Die Adeligen hatten das besonders nötig, weil sie im Krieg viele Menschen töteten und dadurch schwere Schuld auf sich luden. Außerdem brauchten sie die Hilfe der Geistlichen, weil es im frühen Mittelalter sonst fast niemanden gab, der lesen und schreiben konnte. Geleitet wurde die Geistlichkeit von Bischöfen, ihr Oberhaupt war der Papst. Jahrhundertelang konnten fast nur Adelige Geistliche werden. Im späteren Mittelalter änderte sich das, doch auch dann war ziemlich sicher, dass ein Bauernkind nicht Bischof wurde.

Bauernfamilie

Zu welchem Stand jemand gehörte, sah man sofort an seiner Kleidung.

Mönch

Nonne

Adelige Damen

7

Färber: Das Färben von Stoffen war eine anstrengende Arbeit.

Henker wurden von der Stadt bezahlt. Am meisten Geld bekamen sie, wenn jemand verbrannt werden sollte, weil sie für den Scheiterhaufen viel Holz heranschaffen mussten.

Handwerker und Kaufleute

Außer den Bauern gehörten zum „dritten Stand" auch Handwerker, Händler, Arbeiter und Dienstboten. Viele von ihnen lebten in Städten, die seit dem 11./12. Jahrhundert immer wichtiger wurden. Anders als die Bauern auf dem Land waren die meisten Stadtbewohner frei.

Außenseiter

Besonders schwer hatten es im Mittelalter Menschen, deren Berufe als „unehrlich" galten. Zu ihnen gehörten Henker, Totengräber, Gaukler und andere wandernde Spielleute, teilweise auch Hirten, Müller und Töpfer. Wie die wenigen Juden, die im mittelalterlichen Europa lebten, gehörten sie keinem Stand an und hatten noch weniger Rechte als unfreie Bauern.

Schmied

Bettler gehörten zu den Ärmsten.

Der Schuhmachermeister korrigiert die Arbeit des Gesellen.

Könige und Kaiser

An der Spitze des Adels stand der König oder Kaiser, er war der oberste Lehnsherr. Darunter kamen Herzöge, Grafen und Niederadelige. In den meisten Ländern war die Königswürde erblich: Wenn ein König starb, erhielt sie sein Sohn oder ein anderer Verwandter – ganz selten wurde eine Königstochter zur Königin.

Im Heiligen Römischen Reich, zu dem das heutige Deutschland gehörte, wählten dagegen einige wichtige Adelige den König. Danach konnte er sich vom Papst zum Kaiser krönen lassen. Der erste König des Mittelalters, der das erreichte, war Karl der Große: Im Jahr 800 krönte ihn der Papst zum Kaiser. Der Kaisertitel brachte nicht unbedingt mehr Macht und Land, aber hohes Ansehen.

Im 16. Jahrhundert hat der berühmte Künstler Albrecht Dürer Karl den Großen so gemalt, wie er sich einen idealen Herrscher vorstellte. Wie der Kaiser wirklich ausgesehen hat, wissen wir nicht.

Lehnswesen und Rittertum

Die Adeligen waren durch das Lehnswesen miteinander verbunden, das sich seit dem 8./9. Jahrhundert entwickelte: Ein Adeliger schwor einem höherstehenden Adeligen, seinem Lehnsherrn, ihm treu zu dienen und für ihn zu kämpfen. Dadurch wurde er zum Vasallen seines Herrn, der ihm im Gegenzug Land gab, über das er herrschen durfte. Das geliehene Land wurde Lehen genannt. Zunächst endete diese Beziehung mit dem Tod des Lehnsherrn oder des Vasallen. Mit der Zeit aber ging das Land und damit auch der Treueschwur auf die Kinder über. So konnten reiche und mächtige Adelsfamilien entstehen.

Aufstiegschance: Ritter

Vom 11. bis ins 13. Jahrhundert hinein bekam der Adelsstand neue Mitglieder: die Ritter. Die Könige begannen, Unfreie, die für sie arbeiteten, mit Pferden, Waffen und Land auszustatten und sie feierlich zu Rittern zu ernennen. So konnten die Herrscher neue Kämpfer gewinnen und zugleich tüchtige Männer belohnen. Diese neuen Ritter waren frei und galten als Niederadelige. Zusammen mit dem Ritterstand entwickelten sich auch Vorstellungen davon, wie Ritter sich zu benehmen hatten.

Die wilden Reiter greifen rücksichtslos an.

Rohe KRIEGER und edle BESCHÜTZER

Gutes Benehmen für wilde Kerle

Ein Dorf im Hunsrück, um das Jahr 1328

Das wilde Johlen schreckt die Dorfbewohner auf, nur Augenblicke später hören sie die Hufe auf dem Boden dröhnen, gleich sind Krieger im Dorf! Die angreifenden Reiter schwenken Fackeln, der erste holt weit aus, wirft und sofort geht ein mit Stroh gedecktes Dach in Flammen auf. Schreiend rennen die Bewohner ins Freie und fliehen.

Raue Sitten

Wie zu allen Zeiten waren Kriege im Mittelalter sehr brutal. Sie wurden nicht nur zwischen Rittern ausgetragen – um die Gegner zu besiegen, war den Kriegführenden jedes Mittel recht: Sie zerstörten Felder, brannten ganze Dörfer und Städte nieder, entführten und töteten wehrlose Menschen, ohne mit der Wimper zu zucken. Zu den Kriegen für die Könige kamen Fehden, das waren Kämpfe benachbarter Adeliger untereinander. Für Reisende waren Raubritter eine stete Gefahr.

Edel und ritterlich

Genau deshalb war das Bild des edlen Ritters sehr wichtig. Es sollte die Adeligen dazu bringen, sich an Regeln zu halten und ihre Stärke nicht auszunutzen. Zugleich waren die ritterliche Lebensweise und der Rittertitel etwas, das alle Adeligen – von den unbedeutendsten bis zu den Königen – miteinander verband und sie von den Nichtadeligen unterschied. Daher wurde es im Lauf des 13. Jahrhunderts auch wieder schwieriger, vom dritten Stand in den Adel aufzusteigen – die „edlen Ritter" wollten unter sich bleiben.

Sehr höflich!

Nie zu viel des Guten: Eine ritterliche Tugend ist die Mäßigkeit.

12. Jahrhundert: Was ein Ritter können muss

Bevor ein Mann in den Ritterstand aufgenommen wurde, musste er meist eine lange Ausbildung hinter sich bringen. Sie begann mit sieben bis zehn Jahren. Als **Page** ging der Junge an einen fremden Hof. Dort lernte er singen, tanzen und dichten und sich tadellos zu benehmen. All das gehörte zum „höfischen" oder auch „höflichen" Verhalten. Nebenbei lernten die angehenden Ritter oft auch Fremdsprachen, Lesen und Schreiben. Mit etwa 14 Jahren stiegen die Pagen zu **Knappen** auf. Sie lernten zu kämpfen und zu jagen und dienten einem Ritter. Wer sich bewährte, konnte mit ungefähr 20 Jahren zum **Ritter** werden.

Großzügig sollte ein Ritter ebenfalls sein.

Superheld Ritter?

Schön, gebildet, unschlagbar im Turnier und von höfischer Gesinnung – so wird Moriz von Craûn, der Held einer Geschichte aus dem 12. Jahrhundert, beschrieben. Trotz all der guten Eigenschaften macht er einen schweren Fehler: Als er nach einem gewonnenen Turnier auf die Frau wartet, die er verehrt, schläft er – erschöpft vom Kampf – ein.
Es war schwer, ein makelloser Ritter zu sein. Viele bemühten sich, dem Ideal zu entsprechen. Andere zogen in die Schlacht, plünderten und schlugen sich viel lieber den Bauch voll als zu kämpfen.

So geht es nicht! Gute Manieren musste jeder Knappe erlernen.

Ein schlafender Ritter – was für eine Unverschämtheit!

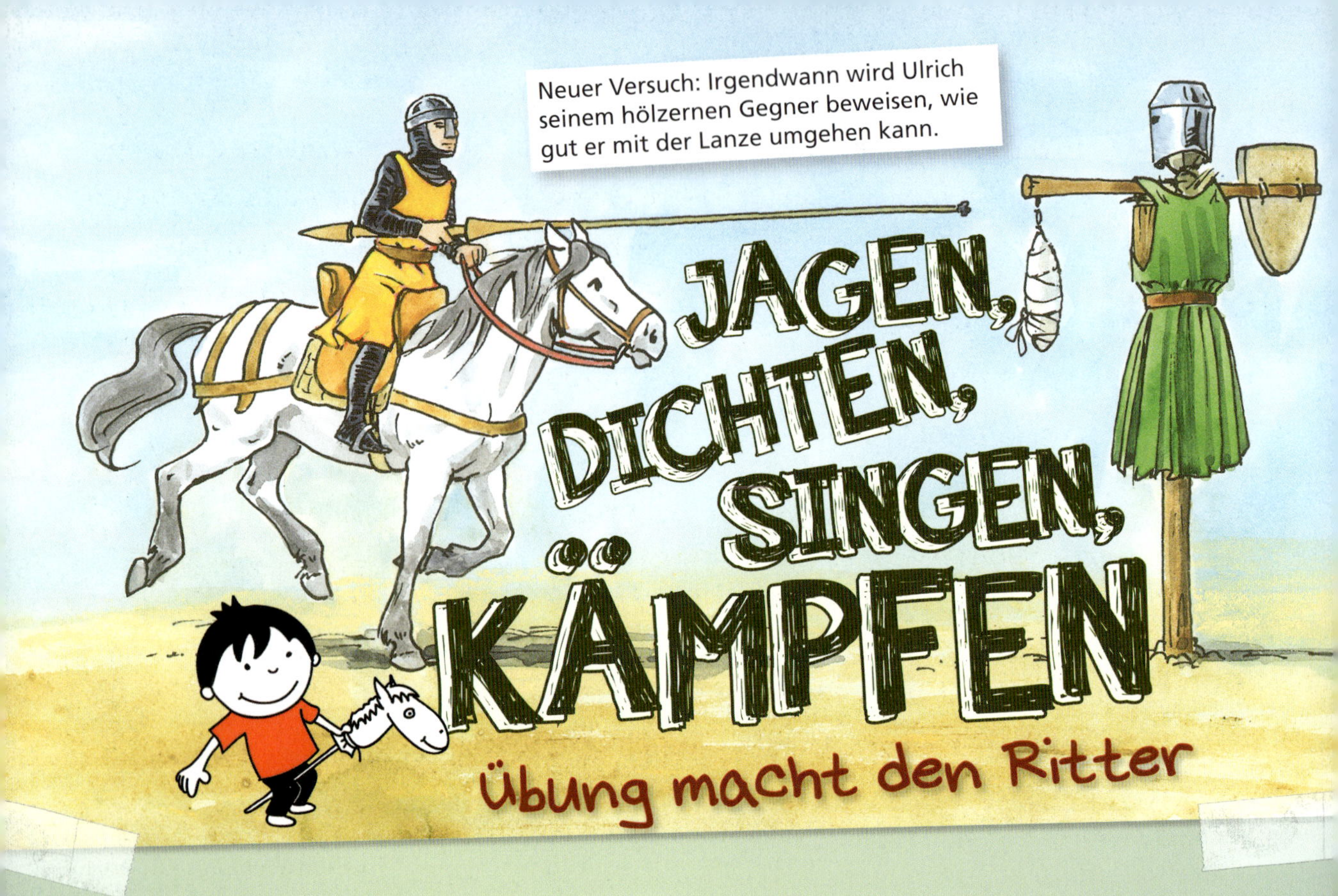

Neuer Versuch: Irgendwann wird Ulrich seinem hölzernen Gegner beweisen, wie gut er mit der Lanze umgehen kann.

JAGEN, DICHTEN, SINGEN, KÄMPFEN

Übung macht den Ritter

Ulrich holt tief Luft, dann drückt er dem Pferd die Beine in die Flanken und schon galoppiert das Tier direkt auf die Puppe zu. Ulrich sitzt fest im Sattel, umklammert die Lanze und konzentriert sich auf den Punkt, den er treffen will. Jetzt! Er sticht mit aller Kraft zu. Nur Sekunden später spürt er einen dumpfen Schlag, das Pferd steigt und Ulrich landet auf dem Boden. Mist! Schon wieder die falsche Stelle erwischt. Die Puppe hat sich gedreht und mit ihrem Knüppel den Angreifer getroffen – und das war leider er selbst. Die anderen Knappen lachen und johlen. Ulrich ärgert sich, aber aufgeben wird er sicher nicht. Ein guter Ritter ist geduldig, und Ulrich will ein guter Ritter werden. Unbedingt.

Hoffentlich wird Albrecht, der Burgherr, ihn bald zum Ritter schlagen! Dann würde er endlich auf Turnieren und Jagdausflügen seinen Mut beweisen können. Als Kreuzfahrer würde er in ferne Länder reisen, für Gott kämpfen und großen Ruhm erlangen!

Ulrich steht auf und klopft sich die Erde aus dem Rock. Er hat schon so viel gelernt. Die Damen der Burg haben ihm Tanzen, Singen und all das beigebracht, womit er eine schöne, höfische Frau beeindrucken kann. Er kennt die Regeln eines Turniers, er kann reiten, lesen und schreiben. Von dieser verdammten Puppe wird er sich nicht noch einmal niederknüppeln lassen! Entschlossen dreht er sich um.

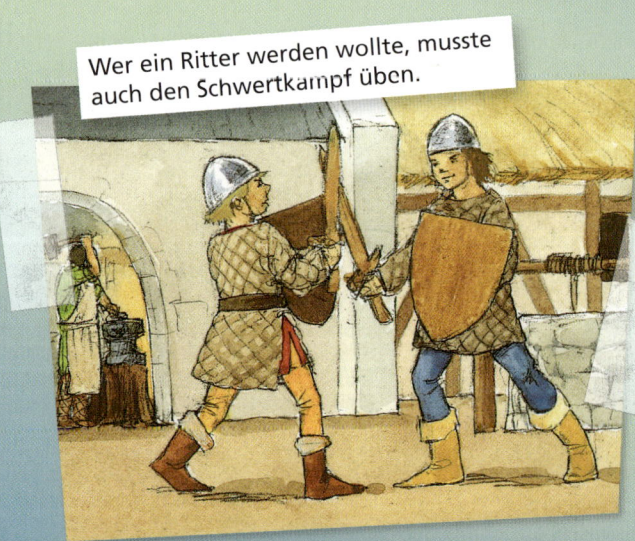

Wer ein Ritter werden wollte, musste auch den Schwertkampf üben.

Die Kreuzzüge

Ab dem 11. Jahrhundert zogen Krieger aus Westeuropa in Richtung des heutigen Israels. In dieser Gegend lebten damals muslimische Völker. Für die Christen waren sie Ungläubige, sie wollten, dass christliche Herrscher das Land regierten. Die Hauptstadt des Landes war Jerusalem, das oberste Heiligtum der Christenheit. Für die christliche Kirche war das eine Kampfansage! Ihre wichtigsten Heiligtümer unter der Herrschaft von „ungläubigen Barbaren", das wollte Papst Urban II. nicht zulassen. Im Jahr 1095 rief er die Adeligen auf, als Lehnsmänner Gottes das Heilige Land „zu befreien" und das Christentum gegen die „Ungläubigen", besonders gegen Muslime, zu verteidigen. Neben großem Ruhm und Ehre wurde den Kreuzfahrern reiche Beute versprochen. Dem Aufruf zum ersten Kreuzzug folgten ungefähr 7000 Männer. Sie machten sich auf die über 3000 Kilometer lange und gefährliche Reise Richtung Osten. Man schätzt, dass nur 1500 Männer Jahre später Jerusalem erreichten und die Stadt „befreiten". Es folgten jahrhundertelange Kämpfe zwischen muslimischen und christlichen Heeren. Mit dem Ruf „Gott will es!" riefen die Päpste und andere Geistliche immer wieder zu Kreuzzügen auf. Könige und Fürsten führten sie an, vor allem Ritter sollten daran teilnehmen. Bei den – aus heutiger Sicht – sinnlosen Kriegen verloren viele Menschen ihr Leben: Sie kamen in den Kämpfen um, verdursteten oder verhungerten unterwegs oder starben jämmerlich an Seuchen.

König Richard Löwenherz von England und der französische König Philipp II. brachen 1190 zu einem gemeinsamen Kreuzzug auf. Sie wollten Jerusalem erobern, was ihnen aber nicht gelang.

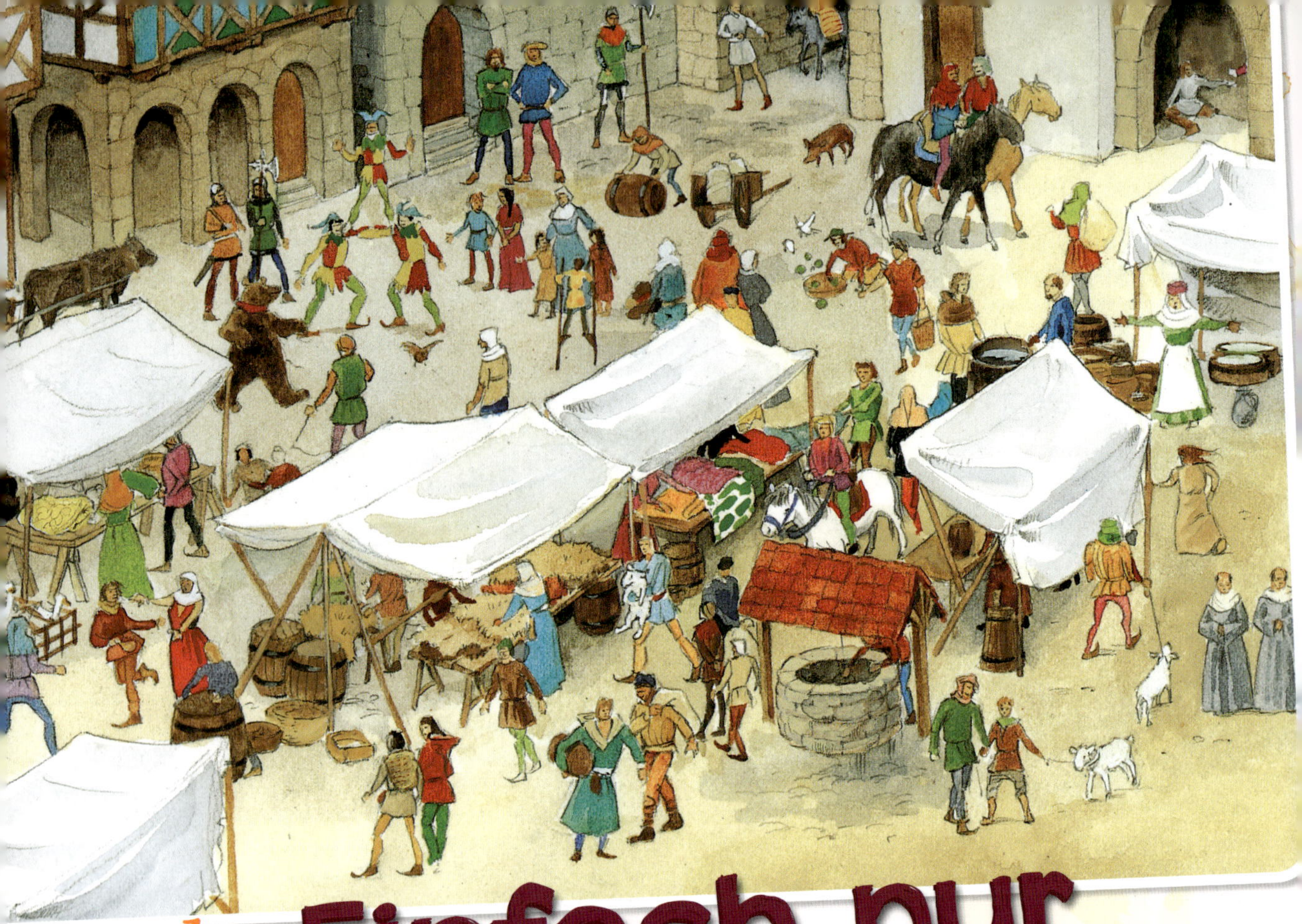

Einfach nur ungerecht!

↑
Wasser holen, Waren verkaufen, einkaufen: Frauen im Gewimmel eines mittelalterlichen Marktes

Mädchen und Frauen im Mittelalter

↑
Hier heiratet Eleonore Ludwig XII.

Frauensache

Warum war bisher kaum von Mädchen und Frauen die Rede? Im Mittelalter hatten die Männer das Sagen und die hielten nicht viel von den Fähigkeiten der Frauen. Daher hatten Frauen weniger Rechte als Männer. Land erbte zum Beispiel der älteste Sohn nach dem Tod des Vaters. Kam kein Sohn auf die Welt, erhielt es notgedrungen die älteste Tochter.

Es gab Ausnahmen: Eleonore von Aquitanien war Königin, Herzogin und Kreuzfahrerin. So viel Macht wie sie, die über das von ihrem Vater geerbte Land herrschte, hatte kaum eine Frau im Mittelalter.

Liebe? Nicht nötig …

Töchter und Söhne wurden verheiratet. Als alleiniges Familienoberhaupt suchte der Vater den Ehemann oder die Ehefrau aus. Nach der Hochzeit zog das Mädchen in das Haus des Ehemannes. Ab jetzt bestimmte er über seine Frau – so wie es vorher ihr Vater getan hatte. Ein Ehemann sollte seine Frau erziehen, aber auch schützen.

Das Herstellen von Garnen und Stoffen wurde oft von Frauen übernommen.

Weben, sticken, spinnen

Jede Menge Arbeit

Frauen waren für das Haus zuständig. Für Bäuerinnen bedeutete das, von früh bis spät zu schuften: Sie mussten Feuer machen, Wasser schleppen, sich um das Vieh kümmern und andere schwere Arbeiten erledigen. Eine adelige Ehefrau hatte es leichter, denn sie überwachte Mägde und Diener bei der harten Arbeit. Wenn ihr Mann auf einem Feldzug war, übernahm sie seine Aufgaben. Starb er und die Söhne waren noch Kinder, erbte die Ehefrau das Lehen.

Mehr Freiheiten

Nicht nur als Erbin eines Lehens, auch als Nonne hatte eine Frau größere Freiräume. Nonnen lebten unverheiratet in Klöstern und mussten so nicht die Ansprüche eines Ehemanns erfüllen. Eine sehr berühmte Nonne war Hildegard von Bingen. Sie gründete 1150 sogar ein eigenes Kloster, schrieb Bücher und predigte auf den großen Plätzen und in Kirchen vieler Städte. Das war in der damaligen Zeit eine Sensation.

Die Menschen trauten ihren Augen und Ohren nicht – eine Frau, die vor aller Welt predigte!

Bessere Möglichkeiten

In den Städten bot sich Frauen eine andere Chance, unabhängiger zu werden, denn manche Zünfte nahmen sie als Mitglieder auf. Viele Handwerkerinnen webten, spannen oder produzierten Garn. Kauffrauen handelten mit Seidenstoffen und anderen Tuchwaren.

➔ Mehr zum Thema Stadt auf den Seiten 22 und 23

Verehrt und verachtet

Im 12. Jahrhundert wurde es an den Höfen der Adeligen modern, über Liebe zu singen. In den Liedern wurde die Frau verehrt wie ein höheres Wesen. Sie sei bildschön, tugendhaft und überhaupt vollkommen. Leider waren Frauen nur in der Kunst so angesehen. Ansonsten galten sie im Mittelalter zwar als zärtlich, aber auch als zänkisch, gewissenlos, schwach und verführbar.

Eine häufige Darstellung im Mittelalter: Das edle Fräulein hat seinen Verehrer erhört und zieht ihn in einem Korb zu sich nach oben.

15

Zwischen Sümpfen und Wäldern

Das Leben im Dorf

Burg

Bauernhäuser

So sah ein Bauernhaus im Jahre 1200 aus. Dieses hat Holzwände. Es wurde wieder-aufgebaut und kann im Museumsdorf Düppel bei Berlin besichtigt werden.

Im Garten konnte die Bauernfamilie Gemüse anbauen, im Kräutergarten pflanzte sie zum Beispiel Petersilie.

Nur wenige Menschen

Im Jahr 1000 sah Europa völlig anders aus als heute – dichte Wälder und riesige Sümpfe bedeckten das Land, wilde Tiere zogen umher. Die meisten Menschen lebten in der Nähe von Burgen in kleinen Siedlungen aus drei bis fünf Höfen mit weniger als 50 Einwohnern. Bauern blieben meist ein Leben lang in ihrem Geburtsort.

Von Dorf zu Dorf

In den folgenden Jahrhunderten sorgten wärmeres Wetter und modernere Anbau-techniken für bessere Ernten, und die Zahl der in Europa lebenden Menschen wuchs schnell. Jetzt lagen die Dörfer oft nur noch wenige Kilometer voneinander entfernt, sie waren umzäunt und größer als früher. Dorf-gerichte regelten das Gemeinschaftsleben und in immer mehr Orten gab es einen Markt. Hier verkauften die Bauern der Umgebung ihre Waren – und kamen so häufiger aus ihrem Heimatort heraus.

Die Arbeit der Bauern war hart. Diese Darstellung stammt aus dem 15. Jahrhundert.

Alle unter einem Dach: Schweine, Hühner und Menschen

Die mit Stroh oder Schilf gedeckten Häuser mit ihren Wänden aus Lehm und geflochtenen Zweigen oder Schilf waren meist in zwei Räume geteilt: In dem einen drängte sich die Bauersfamilie, im anderen lebten Hühner und Schweine. Die wenigen Lichtstrahlen, die durch die kleinen Fenster drangen, ließen im düsteren Inneren des Hauses ein paar Möbel erkennen und eine offene Feuerstelle zum Kochen. Die Familie schlief auf Strohsäcken, als Klo diente ein Nachttopf.

Lebenswichtig: gutes Wetter

Die Arbeit der Bauern begann bei Sonnenaufgang: Säen, pflügen, ernten, Holz hacken, Getreidesäcke schleppen, Mist schaufeln, schlachten – das alles war Schwerstarbeit. Bei Sonnenuntergang endete der Tag. Feuer und brennende Kerzen sorgten für eine spärliche Beleuchtung, bei der man nicht viel unternehmen konnte. Die Häuser der ärmeren Bauern blieben häufig ganz dunkel, denn Kerzen waren teuer. Nicht nur Tag und Nacht, auch die Jahreszeiten und ganz besonders das Wetter bestimmten das Leben der Menschen: Wenn die Ernte in einem trockenen Sommer auf den Feldern verdorrte oder die Pflanzen durch Überschwemmungen verfaulten, drohten sie zu verhungern.

Luxus: Fleisch und Fisch

Brei, Brot und andere Speisen aus Getreide waren die wichtigsten Nahrungsmittel, es kamen aber auch Gemüse, Käse, Beeren, Obst und Nüsse auf den Tisch. Fleisch und Fisch konnten sich einfache Menschen meist nur an besonderen Festtagen leisten. Zucker gab es damals noch nicht, gesüßt wurde mit Honig – wenn es in der Nähe einen Bienenstock gab. Minze, Petersilie und andere Pflanzen aus Kräutergärten waren die üblichen Gewürze.

Hier zieht's

So lebte es sich auf Burgen

Von oben herab

Mächtig überragten sie die kleinen Bauernhäuser, die Felder und den Wald: die steinernen Burgen. Ihre Besitzer waren Adelige und Ritter. Sie herrschten über ein Stück Land und über die darauf lebenden Bauern.

Caerphilly Castle wurde 1271 gebaut. Die Burg ist von Wasser umgeben und dadurch sehr gut geschützt.

Die Burg steht in Wales.

Hier bauen Restaurateure wieder auf, was im Laufe der Zeit kaputtgegangen ist.

Die Wartburg in Thüringen ist eine der berühmtesten deutschen Burgen. Sie wurde auf einem Hügel erbaut.

Belagerungsturm

Sturmleiter

Schleudermaschine (Katapult)

Armbrustschützen

Bogenschützen

Die Höhlenburg Kropfenstein in der Schweiz klebt an einem steilen Felsen. Heute ist nur noch eine Ruine übrig.

Schlau gebaut

Viele Burgen standen auf Bergen, Hügeln oder Felsen, andere auf Inseln mitten in Seen oder Flüssen, einige wenige waren sogar in Höhlen errichtet worden – Hauptsache, die Burgen waren schwer zu erreichen. Denn Burgen dienten nicht nur als Herrschaftssitz, sondern boten den Dorfbewohnern der Umgebung Schutz vor Feinden. Und die sollten schließlich nicht einfach auf den Hof spazieren können. Wer die Burg angreifen wollte, sollte wenigstens vorher einen Berg hinaufkeuchen und dann vor einem Burggraben landen – denn die Zugbrücke hatten die Burgbewohner schon längst hochgezogen. Um zur mächtigen Ringmauer zu kommen, mussten die Angreifer den Burggraben zuschütten.

Zur Verteidigung: Steine, Pfeile, Müll

Die Angreifer schossen mit Katapulten Steinbrocken an die Mauer. Mit einem Rammbock donnerten sie gegen das Burgtor. Bogenschützen zielten zwischen den Zinnen der Ringmauer oder aus den Schießscharten – kleinen Löchern in den Wehrtürmen – nach unten auf die Feinde. Gelang es den Angreifern, das Holztor der Burg zu durchbrechen, ließen die Burgbewohner das Fallgatter aus Holz und Eisen vor dem Durchgang hinunterrasseln. Doch schon schwankten Belagerungstürme mit Bogenschützen heran. Andere Angreifer versuchten die Burgmauer auf Leitern zu überwinden. Da aber der Wehrgang ein Stück über die Mauer hinausragte, konnten die Burgbewohner durch Löcher im Boden Steine, Dreck und manchmal Wasser oder auch heißes Öl auf ihre Feinde kippen.

Abriegeln und abwarten

Gelang es den Angreifern nicht, die Burg einzunehmen, begannen sie meist eine Belagerung. Sie umzingelten die Burg und brannten die Höfe der Umgebung nieder, damit die Belagerten nicht mehr mit Lebensmitteln versorgt werden konnten. Manchmal gruben sie auch einen Tunnel unter der Burg. Waren die Bewohner nach Wochen oder Monaten erschöpft, zündeten die Belagerer die hölzernen Stützbalken der Tunnel an. Die Gänge stürzten ein und Teile der Burg wurden nach unten gerissen. Jetzt versuchten die feindlichen Ritter ihr Glück erneut: Angriff!

Steinmetze schlugen die Felsen in viereckige Blöcke und hängten sie an eine Art Kran, ein Holzgestell mit einem Seil.

Bevor es Steinburgen gab, wurden „Motten" gebaut. Die Holzburgen brannten bei einem Angriff aber schnell ab.

Stein auf Stein

Steinburgen wurden in Deutschland seit dem 9. Jahrhundert errichtet. Wer eine Burg bauen wollte, brauchte die Erlaubnis des Königs, jede Menge Geld und viel Geduld, denn es vergingen mindestens drei bis sieben Jahre, bis der Bau fertig war. Der Chef der Burgbaustelle war der Baumeister. Zuerst suchte er einen guten Platz für die Burg. Am besten geeignet war ein hoch gelegener Ort mit einem weiten Blick, um herannahende Feinde möglichst früh zu entdecken. Außerdem brauchten die späteren Bewohner eine Wasserquelle für den Brunnen, einen Wald, in dem die Adeligen später jagen konnten, und einen nahe gelegenen Steinbruch. Stand die Stelle fest, brachen die Bauern der Umgebung Felsblöcke aus dem Steinbruch, wuchteten sie auf Ochsenkarren und trieben die Tiere zur Burgbaustelle. Dort wurden Hunderte Handwerker gebraucht. Maurer schichteten viereckige Steinblöcke aufeinander, Zimmermänner bearbeiteten das Holz, aus dem die Scheunen und Ställe der Burg entstehen würden.

Mächtig unbequem

Auf einer Burg lebten neben der Burgherrn-Familie meist viele Ritter, Handwerker, Knechte und Mägde, Hunde, Pferde, Vieh – und eine ganze Horde Ratten.
Der Palas war das Wohngebäude des Burgherrn und seiner Familie. In dem großen Saal im ersten Stock wurden Feste gefeiert, Empfänge gehalten und Schwüre geleistet. Wandmalereien und Teppiche schmückten die Wände, die karge Einrichtung bestand aus ein paar Truhen und Tischen. Im Winter pfiff eisiger Wind durch die mit Fellen verdeckten Fensteröffnungen, denn Fensterglas gab es noch nicht. Die Familie des Burgherrn wohnte in kleineren Räumen, den Kemenaten, die mit einem Kachelofen oder Kamin beheizt wurden.

Einmal an der Mauer entlang

In den größeren Burgen standen mehrere Gebäude an der äußeren Ringmauer. Neben Scheunen und Ställen gehörte manchmal eine Kapelle dazu, und immer häufiger war hier auch die Küche zu finden, denn das Kochen im Palas war zu gefährlich. Da die Köche das Essen über offenem Feuer zubereiteten, konnte es zu Bränden kommen.

In jeder Burg gab es einen Gemüse- und Kräutergarten und einen Brunnen. So konnten sich die Bewohner bei einer Belagerung eine Weile mit Essen und Wasser versorgen.

Blick in einen Wohnturm

Die Vorhänge konnten als Schutz gegen Kälte und Ungeziefer zugezogen werden.

Schlaf-gemach (Kemenate)

Festsaal (Palas)

Küche

Im Kellergewölbe lagerten die Vorräte.

Damit Feinde nicht so leicht in das Wohngebäude eindringen konnten, gab es im Erdgeschoss keine Türen und Fenster.

ENG und LAUT

Mit dem Töpferlehrling Till durch eine mittelalterliche Stadt

In den Gassen

Die Schnauze des Schweins ist in dem grün-schwarzen Brei aus fauligem Gemüse fast verschwunden, als ein paar Hühner plötzlich mit empörtem Gackern auseinanderflattern. Nur knapp sind sie dem Inhalt eines Nacht-topfs entgangen, den eine Frau gerade aus dem Fenster gekippt hat. Die Handwerker, Bettler und Mönche, die sich durch die düstere Gasse schieben, nehmen davon kaum Notiz. Auch Till nicht. Der Töpfer-lehrling ist mit seinen Gedanken ganz woanders, immerhin will er in die Kirche zur Beichte. Doch dann tritt er in eine Pfütze aus Wasser und Urin, die sich in dem Abdruck eines Pferdehufs gebildet hat. Bis zum Knöchel sinkt er ein. Mist! Die Gasse ist mal wieder völlig aufgeweicht, hätte er sich nur die Holzleisten unter die Schuhe geschnallt! Na ja, Till zuckt mit den Schultern und stapft weiter.

Handeln und herrschen

Drei Gassen hinter dem Töpferviertel tritt Till auf den weiten Marktplatz im Zentrum der Stadt. Die prächtigen Steinhäuser rund-herum gehören den reichen Kaufleuten, deren dickbauchige Schiffe beladen mit Seide, Gewürzen, Wein, Feigen und Rosinen in den Stadthafen einlaufen. Einige von ihnen gehören zum Rat, der die Stadt regiert.

In den Gassen der mittelalterlichen Städte war es meist eng, voll und schmuddelig. Im Erdgeschoss der Hand-werkshäuser war häufig eine Werkstatt untergebracht.

Nicht nur Burgen, auch mittelalterliche Städte wurden von einer Mauer vor unliebsamen Eindringlingen geschützt. Im spanischen Ávila ist die Mauer gut erhalten.

Jede Handwerkszunft hatte ein eigenes Wappen.

Wappen der Töpfer →

Neuanfang in der Stadt

Von der Macht der Ratsherren wusste Till damals noch nichts, als er in dem Holzkarren durch eines der Stadttore rumpelte. Sein Vater wollte in der Stadt als Töpfer arbeiten. Zum Glück hatte er genügend Geld gehabt, um das Bürgerrecht zu erwerben. Und die Zunft der Töpfer hat ihn aufgenommen.

Stadtluft macht frei?

Unfreie konnten der Leibeigenschaft ihres Grundherrn entkommen: durch eine Flucht vom Land in die Stadt. Blieben sie ein Jahr lang unentdeckt, waren sie frei. Um in der Stadt ein Handwerk auszuüben, mussten sie in eine Zunft aufgenommen werden. Zünfte waren Zusammenschlüsse von Handwerkern. Sie legten zum Beispiel die Anzahl der Geschäfte, die Höhe der Preise und Löhne fest. In eine Zunft wurde aber nur aufgenommen, wer das Bürgerrecht besaß. Da viele ehemalige Bauern das teure Bürgerrecht nicht bezahlen konnten, verarmten sie und lebten sehr elend in den Städten.

Till drängt sich an den Marktständen vorbei, hinter denen Bauern lautstark Getreide, Vieh und vieles mehr anpreisen, er überquert den Henkersplatz und kommt zum Brunnen. An der Kirche mit den hohen Türmen bleibt er stehen. Fröstelnd zieht er die Schultern hoch. Ein Pilger hat ihm neulich von einer schrecklichen Krankheit erzählt, die in einer anderen Stadt wütet und an der die Menschen sterben wie die Fliegen. Von der Pest.

Till weiß nicht, dass im Mittelalter tatsächlich Millionen von Menschen an der Pest gestorben sind.

Tod und Teufel

Religion im Mittelalter

Europa im 15. Jahrhundert

Mit erhobenem Kreuz und Weihwasser schreiten Pfarrer über die Felder. Sie haben eine Botschaft für die gefräßigen Nacktschnecken. Laut und deutlich fordern sie die Schädlinge auf, die Ernte nicht weiter zu bedrohen. Ungehorsam, so steht es in dem offiziellen kirchlichen Befehl, den die Pfarrer befolgen, sei ein Zeichen dafür, dass die Schnecken mit dem Teufel unter einer Decke steckten. Dann sollen die Pfarrer die Schnecken verfluchen und aus der Kirche ausstoßen.

Mit Gottes Hilfe

Im Mittelalter standen die Menschen der Natur häufig hilflos gegenüber. Der Glaube an Gott gab ihnen Sicherheit. Um sich zu schützen, segneten sie alles, was wichtig für sie war, wie Saatkörner, Schweine und Rinder. Die Heilige Jungfrau Maria baten sie, die Bienen nicht in einen fernen

Wald fliegen zu lassen, denn auf ihren Honig wollten die Menschen nicht verzichten.

Ab in die Hölle

Für Missernten, Krankheiten und alles Böse waren in den Augen der frommen Menschen der Teufel, Dämonen und Hexen verantwortlich. Kaum etwas fürchteten die Gläubigen mehr als den Teufel und die Hölle. Geistliche hielten eindringliche Reden, in denen sie die Höllenqualen in grauenvollen Bildern beschrieben: Wer zu Lebzeiten schwere Sünden begeht, muss nach dem Tod zum Beispiel in einem kochenden See aus Eiter und Blut schwimmen oder zusammen mit beißenden Würmern in einem engen Verlies hausen. Zu den schweren Sünden zählten zum Beispiel Mord, aber auch Ehebruch. Nur Heilige schafften es, ganz ohne Sünde durchs Leben zu gehen.

Von Jesus berührt

Um ein wenig Heiligkeit abzubekommen und so der Hölle zu entgehen, pilgerten Gläubige zu Kirchen, in denen sogenannte

Im Kölner Dom steht der Dreikönigenschrein. Die goldene Truhe ist mit Perlen und Edelsteinen besetzt. Dort werden neben anderen Reliquien die angeblichen Überreste der Heiligen Drei Könige aufbewahrt.

Reliquien aufbewahrt wurden, Überbleibsel von Heiligen oder Dinge, die Heilige berührt haben sollten. Noch heute gelten Reliquien vielen Katholiken als heilig. Im Mittelalter waren angebliche Holzsplitter vom Kreuz Jesu besonders begehrt. Betrüger verkauften sie für viel Geld. Kritiker dieses Heiligenkults spotteten, dass ein ganzes Lastschiff nicht ausreichen würde, um all die Späne von Jesu Kreuz zu transportieren.

Teurer Himmel

Von einer weniger schweren Sünde wie einer Notlüge könne man sich befreien, verkündeten die Geistlichen. Wer regelmäßig beichte und für seine Sünden büße, könne noch in den Himmel kommen. Beim Kirchenbau mitzuhelfen war eine mögliche Buße, im späteren Mittelalter verlangten die Geistlichen aber auch Geld als Bußleistung. Das Geschäft mit der Angst wurde Ablasshandel genannt.

Alte Darstellung des Ablasshandels: Die Kirche verkaufte den Menschen die Vergebung ihrer Sünden.

FLAMMENDES FESTMAHL

Der Chefkoch von Kaiser Barbarossa im Interview

Explorer: Sie sind Barbarossas Chefkoch. Wie schaffen Sie es, für Hunderte hungriger Ritter zu kochen?

Chefkoch: Aber ich koche doch nicht selbst! Ich plane mit anderen Köchen, was es geben wird, und dann sorge ich dafür, dass alles nach den Regeln der Kunst zubereitet wird. Ich bin der Befehlshaber der Küchenschlacht, der Kaiser der Küche, der …

Explorer: Aha. Was braucht man denn für ein gelungenes Festessen?

Chefkoch: Zunächst einmal Musikanten für die Unterhaltung. Dann verschiedene Weine. Die Krone des Ganzen aber ist eine Fülle feinster Gerichte, aufgeteilt in zahllose Gänge. Jedes Gericht wird bei meiner Ehre eine Gaumenfreude für die hohen Damen und Herren sein.

Explorer: Das klingt gut. Was wird es denn geben? Lasagne? Pizza? Eis?

Chefkoch: Wie bitte? Davon habe ich nie gehört. Sicher Firlefanz. Nein, ich tische nur das Beste auf: Pfau, Schwan und Reiher, außerdem habe ich Bär, Eichhörnchen, Murmeltier und Igel vorgesehen. Und dann als Höhepunkt – halten Sie sich fest – habe ich einen in Branntwein getränkten Schweinekopf …

Explorer: Klingt ja großartig …

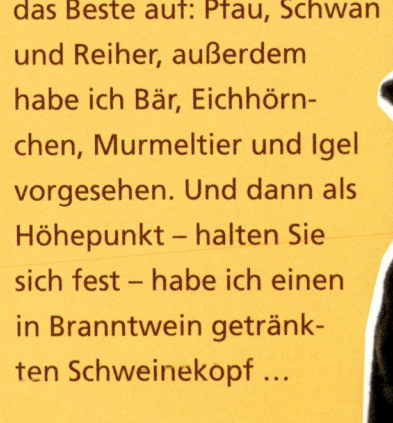

Der Höhepunkt des Festessens: ein in Branntwein getränkter Schweinekopf

Ein üppiges Mahl und gute Unterhaltung gehörten zu einem gelungenen Fest unbedingt dazu.

Chefkoch: Jetzt unterbrechen Sie mich doch nicht! Im Schweinekopf ist noch ein Zeitzünder versteckt. Der Kopf wird auf einer goldenen Platte mitten auf die lange Tafel gesetzt, dann ein Tusch, und jetzt schlagen Flammen heraus. Ich werde in die Geschichtsbücher eingehen! Nun, ähäm, zurück zur Sache: Selbstverständlich sind alle meine Gerichte mit Salz, Pfeffer und feinem Safran gewürzt!

Explorer: Ist Safran nicht ziemlich teuer?
Chefkoch: Allerdings! Ein Pfund Safran kostet so viel wie ein Pferd. Aber Barbarossa ist ein mächtiger und reicher Mann, und das sollen die Gäste auch sehen.

Explorer: Was halten Sie von den Tischsitten der Ritter?
Chefkoch: Nun ja, einige verhalten sich noch wie ihre Ahnen. Sie rülpsen und schnäuzen sich ins Tischtuch oder sie wischen sich daran den Mund ab. Und die abgenagten

Knochen werfen viele einfach wieder in die Schüssel mit dem Fleisch zurück. So ein Benehmen ist ihres hohen Standes heutzutage wahrlich unwürdig.

Explorer: Aber zumindest essen alle mit Messer und Gabel, oder?
Chefkoch: Waaas?! Gabel?! Mit dem Werkzeug des Teufels speisen?! Die Gäste essen wie alle guten christlichen Menschen mit den ersten drei Fingern der rechten Hand. Und zusammen mit ihrem Tischnachbarn nutzen sie ein Messer, einen Löffel und einen Becher.

Explorer: Mit den Fingern? Das ist ja eklig!
Chefkoch: Wieso eklig? Wir reichen natürlich Waschwasser vor Beginn des Festessens und am Ende.

Explorer: Ach so. Na dann. Guten Appetit. Und vielen Dank für das Gespräch.

Igelfleisch zu essen war für die Menschen im Mittelalter ganz normal.

An die Waffen

Auf der Jagd und im Turnier

Bärenstark

Viele Adelige liebten die Jagd. Starke Tiere wie Bären und Wildschweine zu erlegen erforderte Mut. Aber es musste nicht immer so aufregend sein: Die Jäger schossen mit Pfeil und Bogen auch auf Hasen, Eichhörnchen und Hermeline. So trainierten die Männer ihre Geschicklichkeit und übten für die Schlacht. Und sie zeigten, dass sie zu den Reichen und Mächtigen gehörten. Bären, Wildschweine und Rotwild durften nämlich nur von Adeligen gejagt werden.

Damit der Falke nicht durch Geräusche oder andere Reize irritiert wird, trägt er eine Haube. Erst wenn er jagen soll, wird sie abgenommen.

Feste und Turniere

Manchmal war die Jagd auch Teil einer großen Feier. Zu dem vielleicht gewaltigsten Fest des gesamten Mittelalters lud Kaiser Friedrich I., Barbarossa genannt, im Jahr 1184 ein. Tausende von Gästen kamen zu den „Mainzer Hoftagen" und wohnten in einer Stadt aus reich bestickten Zelten. Daneben waren auf Barbarossas Befehl ein Palast aus Holz sowie prächtige Holzhäuser für die mächtigsten Adeligen errichtet worden.

Feuerschlucker, Sänger, Gaukler und Akrobaten waren von weit her gekommen, um die Gäste zu unterhalten. Auch ein Turnier sollte veranstaltet werden, doch am Morgen des dritten Tages zog ein starker Sturm auf, riss Zelte weg, und das Fest musste abgebrochen werden.

Auch Frauen gingen mit dressierten Falken auf die Jagd.

Als besonders schick galt die Beizjagd, die Jagd mit dressierten Falken. Nur Adlige besaßen diese schnellen Raubvögel mit den scharfen Augen. Hunde brachten die Beute der Falken den Jägern.

Beim Buhurt ging es hoch her.

Wozu denn Regeln?

Eine frühe Form des Kampfspiels war der Buhurt: Auf einem großen Feld bekämpften sich zwei Ritter- mannschaften mit Lanzen und Schwertern. Obwohl es meist stumpfe Waffen waren, verletzten sich viele – manche kamen sogar ums Leben. Wer vom Pferd fiel oder seine Waffe verlor, schied aus. Es kam vor, dass der unterlegene Ritter dann ein Lösegeld an den Sieger zahlen oder ihm Pferd und Waffen überlassen musste. In einem Turnier zu kämpfen konnte einen Ritter also ruinieren oder reich machen. Deshalb griffen die Ritter zu vielen Tricks: Manchmal saßen Verbündete in voller Rüstung unter den Zuschauern, um bei Bedarf einzuspringen, Stallburschen kämpften mit und warfen Steine, und einige Knappen schlugen auf die Ritter ein, die ihren Herrn gefangen nehmen wollten. Die Kirche wollte das wilde Treiben verhindern. Schon 1130 hatte Papst Innozenz II. alle Turniere verboten. Aber kaum jemand kümmerte sich darum.

Neue Regeln, neues Spiel

Ende des 12. Jahrhunderts kam eine weitere Form des Turniers auf. Beim Tjost ritten zwei Adelige in Rüstung aufeinander zu und versuchten sich mit Lanzen gegenseitig vom Pferd zu stoßen. Am Boden wurde dann mit Schwertern weitergekämpft, bis einer aufgab.

Nachgestellte Szene bei einem Ritterfest

Bauern störten das Wild mit Hunden auf und hetzten es in die Richtung der adeligen Jäger.

Um einen Zusammenstoß der Pferde zu vermeiden, wurde beim Tjost eine Barriere zwischen den Reitern aufgestellt.

Dr. Karl Graf zu Eltz ist der heutige Burgherr.

Von Burgkämpfen zu Ritterspielen

Dr. Karl Graf zu Eltz ist Burgherr der berühmten Burg Eltz. Als Kind spielte er gern in der Burg, heute kümmert er sich darum, dass sie erhalten bleibt und viele Menschen sie besichtigen können. Die Familie von Graf zu Eltz ist uradelig, viele seiner Vorfahren waren Ritter.

Ein moderner Burgherr im Interview

Explorer: Dr. Karl Graf zu Eltz, was ist eigentlich ein Graf?

Graf zu Eltz: Die ersten Grafen waren Adelige, die den Kaiser dabei unterstützten, sein Reich zu regieren. Später wurde Graf zu einem Titel: Er kennzeichnete den hohen Rang eines Adeligen und nicht mehr dessen Arbeit. Seitdem sind die Kinder eines Grafen auch Grafen und Gräfinnen.

Explorer: Und warum heißen Sie so wie Ihre Burg?

Graf zu Eltz: Im Mittelalter hatten die Menschen nur Vornamen. Burgenbesitzer durften sich auch nach ihrer Burg nennen. Die Ortsbezeichnung, zum Beispiel „zu Eltz", wurde zum Nachnamen und zum Ausweis ihres ritterlichen Standes. Spätestens seit 1157 heißen wir nach unserer Burg.

Explorer: Wurde um Ihre Burg auch mal gekämpft?

Graf zu Eltz: O ja, von 1331 bis 1336 gegen den mächtigen Kurfürsten Balduin von Trier. Und obwohl Balduin viel mehr Ritter hatte, konnten die Eltzer dem ersten Angriff standhalten. Eine erbitterte Belagerung folgte. Balduin baute sogar eine Gegenburg, um die Burg Eltz von dort aus besser mit Steinen beschießen zu können. Erst nach Jahren waren die Eltzer erschöpft und mussten sich geschlagen geben.

Explorer: Wie konnten sie denn eine Belagerung so lange durchhalten?

Graf zu Eltz: Mit der Hilfe der Verbündeten und dank der Kampfpausen an Sonn- und Feiertagen, dem Gottesfrieden. An diesen Tagen reparierten sie Schäden und deckten sich im Dorf mit Lebensmitteln und Munition ein – und kündigten dort vielleicht dem Feind bei einem Humpen Bier schon mal an, dass es morgen wieder eins auf die Mütze gibt.

Explorer: Haben Sie als Kind davon geträumt, ein Ritter auf Ihrer Burg zu sein?

Graf zu Eltz: Natürlich! Meine acht

Die Burg Eltz wurde nie zerstört – auch nicht vom mächtigen Kurfürsten Balduin von Trier. Von Balduins Gegenburg sind heute nur noch Ruinen übrig.

Das Gemälde von Anton Ditzler ist aus dem Jahre 1836.

Trutz Eltz, die Gegenburg

Die prächtige Burg Eltz ist seit mehr als 800 Jahren in Familienbesitz.

Geschwister und ich haben oft in der Burg Ritter und Burgfräulein gespielt. Die Rüstungen nahmen wir von der Wand und wir zogen Kleider an, die wir in Truhen entdeckt hatten. Diese Abenteuer endeten aber meist sehr schnell in einer Strafpredigt und dem Verbot, mit den wertvollen alten Sachen zu spielen.

Explorer: Sie leben gar nicht auf Ihrer Burg. Warum nicht?

Graf zu Eltz: Meine Familie und ich leben in Frankfurt und folgen damit der Tradition unserer Vorfahren, denn schon zum Ende des Mittelalters zogen die Eltzer aus ihrer schwer beheizbaren Burg in komfortable Stadthäuser. Damals hatten die Burgen ihre militärische Bedeutung verloren, sie waren „out", und fast alle zerfielen zu Ruinen. Burg Eltz überlebte, ist heute wieder mächtig „in", aber immer noch sehr unbequem. Wir übernachten trotzdem gerne dort, denn die Burg ist einfach so schön.

Explorer: Merkt man Ihnen an, dass Sie ein Adeliger sind?

Graf zu Eltz: Ich denke schon, und zwar an unseren gelegentlich etwas altmodischen Manieren: Zum Beispiel stehe ich immer auf, wenn eine Frau den Raum betritt, öffne einer Dame die Tür und begrüße oder verabschiede sie mit einem Handkuss.

Explorer: Wir danken Ihnen für das Gespräch.

Heute ist ein Teil der Burg Eltz bei Wierschem in Rheinland-Pfalz ein Museum, das sich jedes Jahr viele Besucher ansehen.

Mittelalter-Wissen

Ablasshandel: Einem Gläubigen wird die Strafe für eine Sünde erlassen, wenn er zum Beispiel bestimmte Gebete spricht oder eine Pilgerreise zu einem heiligen Ort unternimmt. Im Spätmittelalter ging die Kirche dazu über, Ablässe einfach zu verkaufen.

Adel: Bezeichnung für den ersten der drei → Stände

Antike: Die Zeit der Römer und Griechen, von ca. 1200 vor Christus bis zum Beginn des → Mittelalters

Kloster: In einem Kloster leben Nonnen oder Mönche nach den Regeln ihrer Religion. Im → Mittelalter waren die Klöster auch Zentren der Bildung, der Wissenschaft und der Heilkunst. Es gab viele Klosterschulen.

Lehen: Von einem Lehnsherrn (aus dem Adel oder der Kirche) an einen Lehnsmann (Vasall) verliehenes Land, Amt oder Recht. Das Lehen war für die Vasallen eine Lebensgrundlage. Wer ein Lehen bekam, genoss danach außerdem den Schutz seines Lehnsherrn. Als Gegenleistung mussten Vasallen Abgaben und Dienste leisten.

Minne: Im → Mittelalter bezeichnet dieser Begriff die Verehrung einer höfischen Dame durch einen Ritter. Minne steht für Zuneigung und Liebe.

Mittelalter: Zeitraum zwischen → Antike und → Neuzeit. In Deutschland wird die Zeit vom 5. Jahrhundert bis zum 15. Jahrhundert so bezeichnet. Das → Mittelalter wird in drei Abschnitte unterteilt: in das Frühmittelalter (5.–11. Jahrhundert), das Hochmittelalter (11.–13. Jahrhundert) und das Spätmittelalter (13.–15. Jahrhundert). Mit der Entdeckung Amerikas, der Erfindung des Buchdrucks und vieler anderer Neuerungen wurde das Weltbild der Menschen umgekrempelt und die → Neuzeit brach an.

Neuzeit: Epoche nach dem → Mittelalter

Pest: Eine schwere Krankheit, die vor allem im Spätmittelalter in Europa wütete. Sie wurde durch Flohbisse übertragen. Millionen von Menschen starben daran.

Ritter: Berittene Kämpfer. Die feierliche Aufnahme in den Kreis der Ritter nennt man Schwertleite oder – im Spätmittelalter – Ritterschlag.

Stände: Vorstellung im → Mittelalter von drei Gruppen von Menschen, die man Stände nannte. Jeder Stand sollte eine andere Aufgabe erfüllen. Den ersten Stand bildete der → Adel; Adelige sollten herrschen. Die Geistlichen, aus denen sich der zweite Stand zusammensetzte, sollten beten, und der dritte Stand – die Bauern, Handwerker und Kaufleute – sollte arbeiten, um alle zu ernähren.

Zunft: Zusammenschluss der Meister eines Handwerks in einer Stadt. Die Zünfte kontrollierten die Ausbildung der Handwerker sowie die Herstellung und den Verkauf von Waren. Sie halfen alten und kranken Mitgliedern und den Familien von Verstorbenen aus ihrer Gruppe.